चल मुसाफिर चल

(प्रेरणा एवं प्रोत्साहन देने वाली कविताएँ)

वर्षा रानी "मशाल"

कॉपीराइट © 2024 वर्षा रानी "मशाल"

सर्वाधिकार सुरक्षित।

पुस्तक समीक्षा में संक्षिप्त उदाहरणों के उपयोग को छोड़कर संबंधित सामग्री के संबंधित लेखक की स्पष्ट लिखित अनुमति के बिना इस पुस्तक या इसके किसी भी हिस्से को किसी भी तरह से पुन: प्रस्तुत या उपयोग नहीं किया जा सकता है। संबंधित कार्य के लेखक सामग्री की मौलिकता के लिए पूरी तरह से ज़िम्मेदार हैं और राइट ऑर्डर किसी भी तरह से ज़िम्मेदार नहीं है।

भारत में मुद्रित

THE WRITE ORDER

ISBN : 978-93-6045-995-6

प्रथम संस्करण : 2024

दी राइट ऑर्डर

नसादिया टेक्नोलॉजीज़ प्राइवेट लिमिटेड का एक प्रभाग

कोरमंगला, बैंगलोर

कर्नाटक - ५६००२९

दी राइट ऑर्डर पब्लिकेशंस

www.thewriteorder.com

संपादन : गोपाल नवरत्न

प्रारूपण : एम ए पी सिस्टम, बेंगलुरु

बुक कवर डिज़ाइन : निखिल कामथ

पब्लिशिंग कंसलटेंट : संयुक्ता प्रसनानन

Contents

समर्पण	vii
प्रस्तावना	ix
प्राक्कथन	xiii
1. चल मुसाफिर	1
2. किसकी है ये रचना	5
3. जीवन के रहस्य	9
4. क्षमा	11
5. क्यों करें?	15
6. क्या है ज़िंदगी ?	17
7. मैं और मेरा स्वयं	21
8. बुद्धि	25
9. चंचल मन	29
10. जीत वाला दिन	33
11. नयी शुरुआत	35
12. तू आगे बढ़ !	37
13. तीन तरह के लोग	41
14. धोखा	43
15. मैं तैयार हूँ !	47

v

16. भूमिका	49
17. खिलाड़ी	53
18. समद्र की सोच	55
19. ध्येय	57
20. खुद को कर बुलंद	61
21. दु:खी तो मैं भी होती हूँ.....	65
22. मुझे तेरा साथ चाहिए.....	71
23. दिल या दिमाग़?	75
24. निर्णय	79
25. वर्षा और इंद्रधनुष (अंतिम सन्देश)	81
Biography	87

समर्पण

मैं अपनी पहली पुस्तक उस परम पिता-परमेश्वर को समर्पित करती हूँ जिसने मुझे लेखन की यह क्षमता दी है।

- वह मेरी रचनाओं की जड़ है,
- मेरे विचारों का स्रोत है,
- वह मेरे दिल में नित्य नया गाना सुनाता है और,
- मेरी कल्पनाओं की उत्पत्ति का साक्षी है।

उसकी दया और कृपा से ही मैं इस कला में समर्थ हूँ अन्यथा मुझमें मेरी खुद की कोई योग्यता नहीं।

प्रस्तावना

क्या आप हताश हैं
या ज़िंदगी से निराश हैं?

क्या आपका दिल टूट गया है
या कोई साथी आपसे रूठ गया है?

क्या किसी ने आपका हौंसला तोड़ दिया है
या किसी इंसान पर से आपका भरोसा उठ गया है?

क्या कुछ रिश्ते निभाना आपके लिए भारी पड़ रहा है
या ज़िम्मेदारियों का बोझ दिन-ब-दिन बढ़ रहा है?

क्या आपका आत्म- विश्वास खो रहा है
या ऊर्जा का भंडार ख़ाली हो रहा है?

क्या क़ामयाबी आपको ठेंगा दिखाने लगी है
या अपनी क़ाबिलियत के बारे में आपको शंका आने लगी है?

क्या आपकी शक्ति कमज़ोर पड़ने लगी है
या उम्मीदों की किरणें धुँधली-सी होने लगी हैं?

क्या आप थक-हारकर एक जगह जम गए हैं
या लक्ष्य की तरफ़ बढ़ते कदम थम गए हैं?

क्या आपके हौंसलों ने साथ छोड़ दिया है
या अधूरे रास्ते से कदम ही मोड़ लिया है ?

हमारी ज़िंदगी एक लम्बे सफ़र की तरह है जिसमें हम सभी मुसाफ़िर की तरह आगे बढ़ते रहते हैं। इस दिलचस्प सफ़र में हमें कई संगी-राही भी मिलते हैं। कुछ राही बिछुड़ जाते हैं और कुछ हमेशा के लिए जुड़ जाते हैं। कुछ हमारे मुस्कुराने का कारण बन जाते हैं तो कुछ अपनी नकारात्मकता की शक्ति से हमें हमारे लक्ष्य से विमुख कर देते हैं।

मेरी कविताएँ आप सभी लोगों के लिये प्रेरणादायक और जोशीले सन्देश लेकर आयी हैं। आगे बढ़ने और सफलता हासिल करने के लिए हमें प्रोत्साहन की ज़रूरत होती है। प्रोत्साहन एक ऐसी जादुई शक्ति है जिससे इंसान को हर कठिन परिस्थिति से उबरने की शक्ति मिलती है। प्रेरणा एक ऐसा धक्का है जो आपको आगे कदम बढ़ने के लिए उत्तेजित करती है।

“चल मुसाफ़िर चल” के द्वारा मैंने लोगों में सकारात्मकता फ़ैलाने के अथक प्रयास के साथ-साथ एक आशावादी सोच को बढ़ावा देने की कोशिश की है। आशा करती हूँ कि आप सभी इसका लाभ उठा सकेंगे।

अंत में,

आपका प्यार और सहयोग मेरी क़लम के लिए एक "प्रेरणा एवं प्रोत्साहन" का काम करेगी। अतः दिल खोलकर इस पुस्तक को स्वीकार करें ताकि मैं भविष्य में भी आपके लिए उपयोगी एवं रोचक कविताएँ लिख सकूँ।

वर्षा रानी "मशाल"

प्राक्कथन

लफ़्ज़ों में चुपके
से बयां कर दिया,
अनुभवों का लेखा-जोखा
दुनिया से जो मिला।।

अंकों का जादू बिखेरने वाली 'वर्षा रानी' एक उभरती हुई कवयित्री हैं। वैसे तो पेशे और दिमाग़ से वह गणित की शिक्षिका हैं लेकिन उनके अंदर एक ऐसी कवयित्रीत्व-शक्ति छिपी बैठी है जो बहुत ही सहज और सरल है।

वह गणित की ऐसी कुशल अध्यापिका हैं जो मस्तिष्क से संख्याओं के जाल में उलझे छात्रों को बड़े ही सहज तरीक़े से हल करने की अद्भुत तरक़ीबें सिखाती हैं लेकिन विरोधाभास तो देखिये - गणित जैसे शुष्क विषय की ज्ञात्री होते हुए भी सुकोमल साहित्य के प्रेम में सराबोर हृदय भी रखती हैं। तभी तो उनकी कविताओं में सामाजिक समस्याएँ, प्रकृति-प्रेम और समाज को सही दिशा में उत्प्रेरित करने वाली भावनाएँ झलकती हैं। उनकी कविताएँ ऐसी हृदयग्राही हैं कि समाप्त होने के बाद भी मस्तिष्क में विचार-मंथन कराती रहती हैं।

समाज को एक सकारात्मक दिशा देने का सराहनीय कार्य 'वर्षा रानी' के द्वारा किया जा रहा है। संभवतः इसीलिए उन्होंने अपने उपनाम को "मशाल" की पहचान दी है जो शब्दशः उनकी कविताओं में झलकती है। जो ऊर्जा और सकारात्मकता उनकी कक्षाओं में देखने को मिलती है उसी ऊर्जा और सकारात्मकता को मैंने उनकी कविताओं में महसूस किया है।

वर्षा रानी "मशाल" के द्वारा इस पुस्तक में लिखी गईं कुछ कविताएँ उल्लेखनीय हैं जैसे - 'मन', 'बुद्धि', 'तू आगे बढ़', 'चल मुसाफ़िर', 'मैं और मेरा स्वयं' आदि। "मशाल" की इन कविताओं में प्रेरणा, सकारात्मकता एवं धैर्य के दर्शन होते हैं।

इतना ही नहीं, उन्होंने विद्यालय के मंच पर समय-समय पर काव्य पाठ करके प्रशंसा भी बटोरी है, जो कवयित्री को लेखन के लिए प्रेरित करती है।

अंत में अपने नाम 'वर्षा' पर भी उन्होंने एक ऐसी आनंदायक कविता लिखी है जिसमें इंद्रधनुष के रंगों के साथ उन्होंने महत्वपूर्ण व शक्तिशाली सन्देश हम सब तक पहुँचाने की कोशिश की है।

- डॉ रीना भटनागर

1. चल मुसाफिर

परिचय:

इस कविता के शब्द 'जीवन की यात्रा' के महत्वपूर्ण संदेश को दर्शाते हैं। कविता व्यक्ति को उसके जीवन के सभी पहलुओं में सफलता प्राप्त करने के लिए बल देती है और उसे उत्साहित करती है कि वह कभी भी हार नहीं माने। इसके माध्यम से, वर्षा रानी "मशाल" ने जीवन के रोमांचपूर्ण और चुनौतीपूर्ण पलों के साथ सामंजस्य बनाया है और यह सिखाया है कि हमें कभी भी कोशिश करनी नहीं छोड़नी चाहिए। इन कविताओं के माध्यम से हम सभी को अपने लक्ष्यों की प्राप्ति के लिए संघर्ष करने की प्रेरणा मिलती है, चाहे जीवन की यात्रा कितनी भी मुश्किल क्यों न हो।

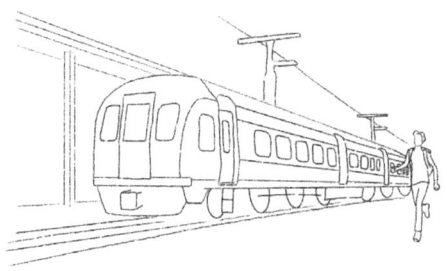

चल चला चल
चल मुसाफ़िर
चल चला चल
जीवन यात्रा आगे तेरी
होती रहे सफल।

क्यों करता है चिंता इतनी
न जाने क्या होगा कल
हार न हिम्मत
प्रयत्न रख जारी
अच्छा,
अच्छे कर्मों का फल।

गिरकर उठना, उठकर चलना
इस बात पर रहना
सदा अटल
चंद दिनों की, झेल चुनौती
अंत में होगा
अवश्य सफल।

चल चला चल
चल मुसाफ़िर
तज उदासी का तिमिर
चाहे हों घनघोर घटाएँ
चाहे बादल आयें घिर-घिर।

वर्षा रानी "मशाल"

बढ़ ले आगे बिन तक़दीर
बदल हाथ की सभी लकीर
चाहे पथ में काँटे आयें
न मिलेगा अवसर फिर-फिर।

                    चल चला चल
                    चल मुसाफ़िर
                    चल चला चल

जीवन यात्रा आगे तेरी
होती रहे सफल।

2. किसकी है ये रचना

इस कविता में लिखी गई पंक्तियों से हमें एक गहरा संदेश मिलता है। कविता दिखाती है कि यह सृजनकर्ता कौन हैं जिन्होंने हमारे जीवन को और हमारे विश्व को बनाया है। यह एक प्राकृतिक शक्ति या ईश्वर के बारे में है जिसका संबंध हमारे धार्मिक और आध्यात्मिक विश्ववाद से है।

कविता के आख़िरी भाग में कवयित्री यह संदेश देती हैं कि "हमें अपने जीवन में आत्मविश्वास और आशा बनाए रखनी चाहिए, क्योंकि ईश्वर हमारे दुःखों को सुनते हैं और हमारी इच्छाओं को पूरा करने का प्रयास करते हैं।"

कविता में यह भी दिखाया गया है कि "हमें अपने जीवन को महत्वपूर्णी तरीक़े से मान्यता देनी चाहिए और ईश्वर के योगदान को सराहना चाहिए।"

किसकी है ये रचना, किसका है ये जहाँ?
किसने बनाई धरती, और ये आसमाँ?

ऐ मूर्ख ऐ नादाँ,
इधर-उधर भटक- भटक कर,
क्यूँ होता है परेशाँ?
आजा उसकी शरण में
जो है बड़ा मेहरबाँ,
तेरे नाम से निकाला है,
आज उसने ये फ़रमान।

आ आकर जान ले
सभी अनसुलझे सवालों के जवाब,
मुझ विश्वासी की जुबाँ।

हाँ, यही सच है कि
प्रभु ने रचा धरती को,
बनाया आसमाँ
उसी ने रचा सौरमंडल,
लटकाये तारे चन्द्रमा।

नदी बनाई, पहाड़ बनाया,
रात और दिन का समय बनाया,
अंत में उसने बनाया इंसाँ।

सोच ज़रा क्या है ये सिलसिला,
कैसे चल पता है बिन रुके,
जीवन और मौत का ये कारवाँ?

कहने को कुछ नहीं है ये सब
मगर ध्यान से देखो तो नज़र आएँगे तुम्हें
उसकी मौजूदगी के निशाँ।

अब तो क़ुबूल कर ले उसको,
मान ले उसका एहसान।
वह सुनता है सबके दुःख
सबकी दास्ताँ,
पूरी करेगा तेरी भी आशा
और सभी अरमान।

महसूस करके देख
उसके कदमों में अपने आशियाँ
फिर निश्चित ही मिलेगा तुझे भी
अनंत जीवन
और
रुहानी खुशियों का जहाँ।

3. जीवन के रहस्य

※※※※※※※※※※※※※※※※※※※※※※※※※※※※※※※※※※※※※※

परिचय:"जीवन के रहस्य"

इस कविता में हमें जीवन के गहरे और रहस्यमय पहलुओं के विचारों को समझने का अवसर मिलेगा। जीवन की प्रत्येक घटना एक मौका है और हमें इन्हें नकारने के बजाय समझने का प्रयास करना चाहिए। कविता का संदेश है कि "हमें अपने अनुभवों से सीखना चाहिए और उन्हें एक मौका मानकर उनका सामर्थ्य समझना चाहिए।"

"इसके साथ ही, हमें परीक्षाओं को भी एक मौका मानकर उनके सामर्थ्य को समझना चाहिए चाहे वो जीवन की कोई भी प्रासंगिक परीक्षा हो। इस कविता में हमें यह सीखने को मिलेगा कि जीवन के रहस्यों को व्यर्थ नहीं समझना चाहिए, बल्कि हमें उनसे सीखना चाहिए और उनका सामर्थ्य समझना चाहिए।"

जीवन के रहस्यों को तू
यूँ ही व्यर्थ न समझना।

ये तो घनी मूर्खता होगी
कि हर घटना को बुरा कहना
पर उसका अर्थ न समझना।
जीवन के रहस्यों को तू
व्यर्थ न समझना।

कभी-कभी ऊपरवाला चुनौती देता है
परीक्षा लेता है,
उसकी इन परीक्षाओं को तू
व्यर्थ न समझना।
जीवन के रहस्यों को
तू व्यर्थ न समझना।

हर होनी अनहोनी को तू
अनर्थ न समझना।
जीवन के रहस्यों को
तू व्यर्थ न समझना।

ये तो नाहक़ बेकार विचार है मनुष्य का
कि अपनी होशियारी दिखाते जाना
पर प्रभु की सामर्थ न समझना।

जीवन के रहस्यों को
तू व्यर्थ न समझना।

4. क्षमा

~~~~~~~~~~~~~~~~~~~~~~~~~~~~~~~~~~~~~~

परिचय: "क्षमा"

यह कविता हमें दिखाती है कि 'क्षमा' का महत्त्व क्या होता है। कविता में बताया गया है कि "हमारे जीवन में ग़लतियाँ होती हैं, परंतु हमें उन्हें स्वीकारना और क्षमा करना चाहिए। क्षमा के माध्यम से हम अपने अपराधों को भी माफ़ करते हैं और अपने आत्म-समर्पण की भावना को बढ़ाते हैं।"

इस कविता में यह सुझाव दिया गया है कि "हमें अपने दुश्मनों के प्रति प्यार और सहयोग की भावना रखनी चाहिए जिससे हम एक सद्गुणी और सहज व्यवहार का मार्ग प्राप्त कर सकते हैं। इसके अलावा कविता में हमें यह भी समझाया गया है कि क्षमा करना हमारे कर्त्तव्य का हिस्सा है और हमें इसे समय-समय पर अपनाना चाहिए।"

ग़लतियों या पापों का यह
होता है अंजाम,
माफ़ करो या दंड दो उसको
शत्रु जिसका नाम।

मत कहो उसके जैसा उससे
लूँगा मैं भी बदला,
ये है आज्ञा उसकी जिसने
(अर्थात ईश्वर)
तेरे जीवन को बदला।

वो तो तेरे सब अधर्म को
कर देता है क्षमा
फिर क्यों तू देरी करता है
कर बैरी को क्षमा।

माफ़ करो गर दूजों को तो
तुम भी माफ़ किये जाओगे
तौलोगे जिस माप से उससे
तुम भी तौले जाओगे।

शत्रुओं से प्रेम रखो और
बिन आशा के दो उधार,
माफ़ी देकर किया करो तुम
उससे सहज व्यवहार।

सात बार अपराध करे जो
सात बार पछताए,
सात बार को गिरे जो धर्मी
सात बार वो उठाये।

न हो तू आनंदित तेरा
शत्रु जब गिर जाए,
उसे उठाकर धरती से तू
क्यों न गले लगाए ?

भूखे बैरी को भोजन दो
प्यासे को दो पानी,
पछतावा यह देगा उसको
तुम्हें न होगी हानि।

समझो, माफ़ी देना नहीं है
केवल काम प्रभु का
बल्कि यह तो कर्त्तव्य है
हर एक जीवित जन का।

5. क्यों करें?

✥✥✥✥✥✥✥✥✥✥✥✥✥✥✥✥✥✥✥✥✥✥✥✥✥✥✥✥✥✥✥✥✥✥✥

परिचय: "क्यों करें?"

इस कविता में हमें दिखाया जाता है कि "कई बार हम जीवन में ऐसे काम करते हैं, जिन्हें हमें करना ही नहीं चाहिए।"

कविता में पूछा जाता है, "क्यों करें?"

"क्योंकि कई बार हम ऐसे उद्योग करके अपने समय और ऊर्जा बर्बाद करते हैं जो हमारे लिए हानिकारक हो सकते हैं। कविता में इस विचार को एक बहुत ही सुंदर अंदाज़ से अभिव्यक्त किया गया है।"

दस शब्दों के दस हज़ार शब्द बनें
ऐसी बात ही क्यों करें,
सुबह आने पर भी अँधेरा ढल न पाए
ऐसी रात ही क्यों करें।

मिलकर भी कोई हल न निकले
ऐसी मुलाक़ात ही क्यों करें,
खुद की प्यास भी शांत न हो
ऐसी बरसात ही क्यों करें।

निभाने में कभी समर्थ न हो पाएँ
ऐसा व्यर्थ वादा ही क्यों करें,
आत्म संतुष्टि मिल न पाए
ऐसा इरादा ही क्यों करें।

6. क्या है ज़िंदगी ?

परिचय: "क्या है ज़िंदगी?"

ज़िंदगी क्या है और इसे कैसे जीनी चाहिए? ज़िंदगी की ख़ासियतें और उसके रूपों को इस कविता में बेहतरीन ढंग से अभिव्यक्त किया गया है। कवयित्री ने हमें यह बताया है कि "हमें अपनी ज़िंदगी को सकारात्मक दृष्टिकोण से देखना चाहिए और उसका आनंद लेना चाहिए।"

"मशाल" ने इस सत्य को अपनी इस कविता में रखा है कि जीवन में सुख और दु:ख आते हैं, लेकिन हमें इन्हें हँसकर और उम्मीदों के साथ झेलते हुए जीना चाहिए। "मशाल" ने जीवन के मूल सिद्धांतों को बेहद विवेकपूर्ण ढंग से प्रस्तुत किया है और हमें यह सिखाती हैं कि हमें फिर से जीवन को जीने का मज़बूत संकल्प करना चाहिए।

यह कविता आपको ज़िंदगी को नए दृष्टिकोण से देखने के लिए प्रेरित कर सकती है और आपको यह समझने में मदद कर सकती है कि आपको अपने जीवन को कैसे नईं ऊँचाइयों तक ले जाना है।

क्या है जिंदगी?

ज़िंदगी वो है
जो आपको जीना सिखाती है।

ज़िंदगी वो है
जो आपको चलना सिखाती है
जो अपनों को अपनों से
मिलना
सिखाती है
और परायों को भी अपनों में
जोड़ना चाहती है।

ज़िंदगी वो है
जो कभी रोकर हँसाती है
तो कभी हँसकर रुलाती है
जो हर पल गुदगुदाती है।

ज़िंदगी वो है
जो जीने का मक़सद बताती है
जो कभी अपने लिए
तो कभी दूसरों के लिए जी
जाती है।

ज़िंदगी वो है
जो पैदा करती है संवेदना,

जो दे जाती है कभी-कभी
अत्यधिक असहनीय वेदना।
ज़िंदगी वो है
जो सिर्फ़ ज़िंदगी है शाश्वत नहीं
जिसकी निश्चितता पर
कोई कभी आश्वस्त नहीं।

ज़िंदगी वो है
जो हमारे हाथ में नहीं
जो रह जाएगी बस यहीं।

ज़िंदगी वो है
जो सिर्फ़ एक बार मिलती है
जो सिर्फ़ एक बार ही छिनती है।

ज़िंदगी वो है
जो कभी झट से
रेत की तरह
हमारे हाथ से निकल जाएगी
जो फिर कभी
न वापस लौटकर आएगी।

ज़िंदगी वो है
जिसे हम भूल चुके हैं।
ज़िंदगी वो है

जिसे हमें फिर से जीना है।

(माना कि ज़िंदगी में सुख - दुःख लगे रहते हैं लेकिन फिर भी ये ज़िंदगी बड़ी मज़ेदार है। तो आइये, एक सकारात्मक सोच के साथ एक बार फिर से ज़िंदगी को परिभाषित करते हैं।)

ज़िंदगी रो रोकर नहीं

ज़िंदगी को खोकर नहीं

ज़िंदगी तिल-तिल कर नहीं

ज़िंदगी मर-मर कर नहीं

ज़िंदगी में रमना होगा अब से हँस-हँसकर,

ज़िंदगी को जीना होगा हर पल जीकर,

ज़िंदगी से मिलना होगा, सबसे घुल-मिलकर,

ज़िंदगी को पाना होगा सबका साथ पाकर।

हाँ यही है यथार्थ,
हाँ यही है ज़िंदगी।

7. मैं और मेरा स्वयं

परिचय: मैं और मेरा स्वयं

इस कविता के माध्यम से हम जानते हैं कि हमारे अंदर का "स्वयं" कितना महत्वपूर्ण है। जब हम अपने आत्म-समझ में एकान्त में बैठते हैं तो हम पूरी तरह से अपने आत्मा से जुड़ पाते हैं। यह 'स्वयं' हमारे साथ हमेशा रहता है, लेकिन जीवन के विभिन्न संवादों और संघर्षों में हम इसे अक्सर खो देते हैं।

"मशाल" हमें बताती हैं कि "हमें अपने स्वयं के साथ समय बिताने की आवश्यकता है जिससे हम अपने व्यक्तिगत विकास और स्वाध्याय के माध्यम से बेहतर बन सकें। हमें अपनी कमियों को स्वीकार करना और उन्हें सुधारने का साहस रखना चाहिए और फिर से लक्ष्य की ओर बढ़ने की प्रेरणा लेनी चाहिए।"

इस कविता के माध्यम से हमें अपने स्वयं के साथ अधिक जुड़कर अपने आत्मविश्वास को मज़बूत करने की महत्वपूर्ण भूमिका का ज्ञान होता है। "मशाल" हमें खुद को और अपने स्वयं को अधिक बेहतर तरीक़े से समझने के लिए प्रोत्साहित करती है ताकि हम अपने जीवन के विभिन्न पहलुओं में सफल हो सकें।

दुनिया की भीड़ से अलग होकर
जब मैं अकेले,
अपने अध्ययन कक्ष में जाती हूँ
तब कहीं जाकर
मैं अपने “स्वयं” से मिल पाती हूँ।

जाना पहचाना बहुत पुराना है यह शख़्स
(यानि मैं, और मेरा स्वयं)

जाना पहचाना बहुत पुराना है यह शख्स
पर हर बीते वर्ष के साथ
मैं इसमें कई नए बदलाव पाती हूँ।

घंटों समय बिताती हूँ मैं अपने “स्वयं” के साथ
तभी तो आपके लिए
इतनी रोचक कवितायें लेकर आती हूँ।

आप किस सोच में डूबे पड़े हैं ?

जाइये जाइये, आप भी जाइये
खुद संग थोड़ा समय बिताइए।
करके दर्शन स्वयं का
एक नई दुनिया में खो जाइये।

कीजिये विश्लेषण अपनी कमियों-घटियों का
और फिर से लक्ष्य की तरफ़ गति बढ़ाइये।

8. बुद्धि

✳✳✳✳✳✳✳✳✳✳✳✳✳✳✳✳✳✳✳✳✳✳✳✳✳✳✳✳✳✳✳✳✳✳✳✳✳✳

परिचय: "बुद्धि"

यह कविता "बुद्धि" के विषय में है जिसमें बुद्धि और ज्ञान की महत्वपूर्ण भूमिकाओं को अभिव्यक्त किया गया है। बुद्धि को ईश्वर की करामात मानना, बुद्धि के महत्व को दर्शाता है और दर्शाता है कि यह कैसे हमारे जीवन में महत्वपूर्ण है।

इसके माध्यम से बताया गया है कि "बुद्धि हमें समझ, विवेक, और ज्ञान का दान करती है और हमें सही दिशा में अग्रसर होने में मार्गदर्शन करती है।" कविता में यह भी दिखाया गया है कि "बुद्धि को न छोड़कर उसकी महिमा को समझा और माना जाए तो हमारे जीवन को बेहतर बनाने में यह कैसे मदद करती है।"

भय मानना ईश्वर का
बुद्धि की शुरुआत है,
जग की रचना परमेश्वर की
बुद्धि की करामात है।

बुद्धि को जो तुच्छ जानता
मूढ़ वो कहलाता है,
बुद्धिहीन मनुष्य सदा ही
सबके बीच लजाता है।

बुद्धि जिसके पास है उसमें
चतुराई भी वास करे,
समझ, विवेक और ज्ञान को भी
वही मनुष्य प्राप्त करे।

बुद्धि को न छोड़ वो तेरी
रक्षा करती जाएगी,
उससे प्रीति रखेगा तो
पहरा देती जाएगी।

बुद्धि करे प्रवेश ह्रदय में
समझ तुझे तब आएगी,
ग्रहण करे गर जीवन में
जीवन का वृक्ष बन जाएगी।

तू उसकी बड़ाई कर
वह तुझको बढ़ाएगी,
जब तू उससे लिपटेगा वह
तेरी महिमा गायेगी।

बुद्धि से तू चले तो
दौड़ने पर भी न ठोकर खायेगा,
मूर्ख तो अपमानित होगा
बुद्धिमान महिमा पायेगा।

सुलैमान ने भी ईश्वर से
बुद्धि का ही वर माँगा,
बुद्धि से जग जीत लिया और
धन, वैभव सब कुछ पाया।

मूँगे, चाँदी, हीरे से भी
बुद्धि का कोई तौल नहीं,
हर वस्तु का मोल है लेकिन
बुद्धि का कोई मोल नहीं।

पराक्रम और युद्ध के हथियारों से
बुद्धि उत्तम है,
चोखे सोने, कुंदन में भी
बुद्धि ही सर्वोत्तम है।

बुद्धिमान की शिक्षा
जीवन का एक गहरा सोता है,
बुद्धिमान डरे बुराई से
मूर्ख निरा ढीठ होता है।

                        बुद्धि से तुम ग़ौर करो तो
                        बुद्धि की क़ीमत जानोगे,
                        आज से यह निश्चय करो
                        तुम ईश्वर का भय मानोगे
                        तुम ईश्वर का भय मानोगे।

9. चंचल मन

परिचय: "चंचल मन"

"चंचल मन" एक ऐसी कविता है जो हमारे मन के चंचल स्वभाव को दर्शाती है।

"मशाल" इस कविता में मन की चंचलता और उसके व्यवस्थित नियंत्रण के महत्व को प्रकट करती हैं। मन की चंचल प्रवृत्तियों से जीवन कैसे प्रभावित होता है और उसे कैसे वश में किया जा सकता है, इस पर विचार किया गया है।

इस कविता में मन को संयमित और नियंत्रित बनाने के तरीक़ों पर विचार किया गया है ताकि व्यक्ति अपने जीवन को एक उच्च स्तर पर जी सके।

चल मुसाफिर चल

(पाठक का प्रश्न -)

मेरा मन चंचल होता जाये
भटक-भटक कर खोता जाये।
फिसला जाये, ढलका जाये
दौड़ भागकर फिर छिप जाये।
कैसे बाँधूँ इस धावक को
जो न कभी कहीं टिक पाए।

कैसे करूँ नियंत्रित इसको
कैसे सँभालूँ, समझ न आये
कोई उपाय बताये मुझको,
कोई तो समझाये।
चंचल चतुर इस मन को कैसे
अपने वश में रखा जाये?

(कवयित्री का उत्तर-)
जीवन जहाँ बसता वो है काया,
और काया में बसता है मन।
मन से ही उन्नत होता है आदमी,
और मन से ही होता है पतन।

आइये अब जानें
कितना महत्वपूर्ण है ये मन,
और क्यों किया है हमने
इस विषय का चयन।

                                      जुबाँ पे आता वही हमारी
                                      जिससे भरा रहता है मन।
                                      कभी कराता मीठी बातें,
                                      कभी कराता तगड़ी अनबन।

वहीं के सपने देखे हरदम
जहाँ पे जोड़ा है मैंने धन।
कितना भी मैं बाँधकर रख़ूँ
उड़-उड़ जाये वहीं मेरा मन।

                                      बुरे विचार और हिंसा, चोरी
                                      इनका घर बनता है जो मन,
                                      उसके मन में पाप बढ़ाके,
                                      दूषित करता चाल- चलन।

कैसे रोकूँ ये सारी बलाएँ?
कैसे पाए कोई भला मन?
कैसे शुद्ध होता है हृदय?
करना होगा हल ये प्रश्न।

कूट-कूट कर भरो जो मन में
प्रभु की आज्ञा, प्रभु का वचन।
भजकर नाम प्रभु का पल-पल,
हो जा उसके आनंद में मगन।

        इस देस (अर्थात संसार) की सब बातों से हटकर
        यदि लगाओ उस देस (अर्थात स्वर्ग) पर मन
        फिर मन क्यों हो व्याकुल तेरा
        कैसी चिंता, कैसा चिंतन।

उसी का दर्शन, उसी का मनन
उसी से जुड़ा हो लेखन-पठन।
तन-मन-धन को अर्पण करके
हो जा उसके भजन में मगन,
ताकि पवित्र हो तेरा मन,
और पवित्र हो तेरा जीवन।

10. जीत वाला दिन

❖❖❖❖❖❖❖❖❖❖❖❖❖❖❖❖❖❖❖❖❖❖❖❖❖❖❖❖❖❖❖

परिचय: "जीत वाला दिन"

इस कविता में हमें यह सिखाया जाता है कि "जीवन में मुश्किलें आती हैं और ये हमेशा आती रहेंगी क्यूँकि ये मानव जीवन का हिस्सा है। हमें इन मुश्किलों से नहीं घबराना चाहिए, बल्कि सबसे पहले हमें खुद को समझना चाहिए।"

"जैसा हम खुद को प्रकट करेंगे दुनिया हमें वैसा ही देखेगी। जब हमारी जीत वाला दिन आएगा तो हमें अपनी मुश्किलों पर मुस्कराने और अपनी शंकाओं के किले पर विजयी झंडा फहराने का गर्व प्राप्त होगा।"

चल मुसाफिर चल

मुश्किलें आती हैं और आती रहेंगी,

इन मुश्किलों से न घबरा,

सबसे पहले तू खुद को समझा।

दुनिया वही देखेगी जो तू दिखायेगा,

हो सकता है ये रास्ता, तुझे कई बार डरायेगा

लेकिन जिस दिन आएगा तेरी जीत वाला दिन,

उस दिन तू अपनी मुश्किलों पर,

खुद मुस्कुराएगा।

और अपनी शंकाओं के किले पर

विजयी झंडा फहराएगा।

इसीलिए कहती हूँ:

मुश्किलों से न घबरा,

मुश्किलों से न घबरा।

11. नयी शुरुआत

परिचय: "नयी शुरुआत"

इस कविता में हम एक नयी शुरुआत के सुंदर अनुभव की ओर बढ़ते हैं। हम देखते हैं कि जीवन में अगर कुछ गिरा हो, तो उसे संभालकर, उसे जोड़कर, उसे खोजकर हम नयी उम्मीदें पैदा कर सकते हैं। हम यहाँ नई योजनाओं की ओर बढ़ते हैं और नई संभावनाओं के साथ जीवन की नई शुरुआत करते हैं।

यह कविता हमें बताती है कि "कभी-कभी हमें रिश्ते और कामों को देखने का नज़रिया बदलने की ज़रूरत होती है, भले ही वे हमें पसंद न हों, पर हमें नए विचारों और अवसरों के प्रति खुले रहने से और ज़रूरत पड़ने पर दोबारा नई संभावनाओं का स्वागत करने से ये नज़रिया हमें एक नई शुरुआत करने के लिए प्रोत्साहित करता है।"

आओ फिर से एक नयी शुरुआत करते हैं।
बिखरी हुई हिम्मत को बटोरकर,
टूटी हुई उम्मीदों को जोड़कर,
खोयी हुई आशा को ढूँढ़कर,
कुछ नयी योजनाओं की बात करते हैं,

आओ, फिर से एक नयी शुरुआत करते हैं।

वे लोग, वे रिश्ते जो हमें सच्चे नहीं लगते,
वे काम जो हमें अच्छे नहीं लगते,
आओ, फिर उन्हीं में हम
नयी संभावनाएँ तलाश करते हैं,

आओ, फिर से एक नयी शुरुआत करते हैं।

12. तू आगे बढ़ !

✦✦✦✦✦✦✦✦✦✦✦✦✦✦✦✦✦✦✦✦✦✦✦✦✦✦✦✦✦✦

परिचय: "तू आगे बढ़!"

इस कविता में हमें एक महान संदेश मिलता है - "सफलता की ओर अग्रसर होने के लिए हमें जोखिमों का सामना करना होता है। कविता में उन जोखिमों का स्वागत करते हुए हम ऊर्जा और आत्म-संवाद के बल पर स्वयं का पुनर्निर्माण करने की प्रेरणा प्राप्त करते हैं।"

यह कविता हमें सफलता की ओर बढ़ने के लिए साहस, आत्म-विश्वास, और संघर्ष की महत्त्वपूर्ण भूमिका को समझाती है। यह हमें याद दिलाता है कि जीत और सफलता का मार्ग अक्सर मुश्किल होता है, लेकिन आत्म-संवाद और सकारात्मकता के साथ हम किसी भी परिस्थिति का सामना कर सकते हैं और अपने लक्ष्यों की ओर बढ़ सकते हैं।

इस कविता के माध्यम से "मशाल" हमें जीवन में हार और विफलता के बावजूद अपने लक्ष्य की ओर बढ़ने के लिए उत्साहित करती है और हमें सशक्त बनाने के लिए हमारे अंदर के जज़्बे और आत्मविश्वास को बढ़ावा देती है।

चल मुसाफिर चल

तू आज कर, न देर कर,
सब जोखिमों से खेलकर,
तू आगे बढ़, तू आगे बढ़।

हैं दूर मंज़िलें तो क्या?
हैं रास्ते कठिन तो क्या?
तू कर बुलंद हौंसले
चुनी जो राह, कसकर पकड़
तू आगे बढ़, तू आगे बढ़।

जो चलता चला जायेगा
तो रास्ता भी पायेगा,
खुद मंज़िल भी आएगी पास
फिर जीत की लगेगी प्यास,
सब भूख-प्यास झेलकर
तू आगे बढ़, तू आगे बढ़।

दर्जनों देखी हों हार
कोई हार न बने दीवार
कुछ इस तरह का जोश रख
तू आगे बढ़, तू आगे बढ़।

गर फिर भी बात न बने
तो याद कर वो पहला दिन,

गर फिर भी बात न बने
तो याद कर वो पहला दिन,
जब तूने लक्ष्य किया था तय
खुद चुनी थी ये डगर,
था शक्ति से भरा हुआ
तो आज क्या हुआ तुझे?
ग़ायब हँसी, है नैन बुझे !

तू कोशिशों को छोड़कर,
न इस कदर अँधेर कर।
हार का न रख तू डर,
तू हो निडर, तू हो निडर।

करने लक्ष्य को फतह
चल अपने लक्ष्य की डगर
तू आगे बढ़, तू आगे बढ़।

13. तीन तरह के लोग

परिचय: "तीन तरह के लोग"

यह कविता हमारे जीवन में अलग-अलग प्रकार के लोगों की महत्वपूर्ण भूमिकाओं को प्रस्तुत करती है।

कुछ लोग ऐसे होते हैं जो हमारे साथ हँसते हैं और हमारे मुस्कराने की वज़ह बनते हैं। दूसरे प्रकार के लोग जो हम पर हँसते हैं और मज़ाक उड़ाते हैं, लेकिन उनसे दूर रहना सही उपाय होता है और तीसरे प्रकार के लोग जो हैं, वे हमारे दु:ख में भी हमें हँसाते हैं और हमारी मुस्कुराहट का कारण बन जाते हैं।

इन तीन तरह के लोगों के माध्यम से, "मशाल" हमें सोचने और समझने के लिए प्रोत्साहित करती है कि हमें अपने जीवन में किन लोगों को किस तरह से चुनना चाहिए।

संग रहो उन लोगों के
जो तुम्हारे साथ हँसते हैं,
मुस्कुराते हैं।

दूर रखो उन लोगों को
जो तुम पर हँसते हैं
तुम्हारा मज़ाक उड़ाते हैं।

कभी न छोड़ो उन लोगों को
जो दुःख में
तुम्हें हँसाते हैं,
जो तुम्हारी मुसकुराहट का
कारण बन जाते हैं।

14. धोखा

परिचय: "धोखा"

कभी कुछ लोग हमारा दिल तोड़ देते हैं तो कभी कुछ साथ छोड़ देते हैं। कभी हमारे साथ बुरा व्यवहार हो जाता है तो कभी कुछ लोग हमारी अच्छाई का फायदा उठा लेते हैं। कभी ऐसा भी होता है कि जिस व्यक्ति को हम चाहते हैं वो हमें नहीं मिलता। ऐसे समयों में हम अक्सर अपना हौसला खो बैठते हैं। हमें अपने आत्मविश्वास को फिर से पुनर्निर्मित करने की महत्वपूर्ण आवश्यकता है।

"मशाल" यहाँ समझाती हैं कि व्यक्ति को खुद को समझने की आवश्यकता है और यह विश्वास करने की ज़रूरत है कि उनमें भी क्षमता है, उनमें कुछ विशेष है और वे किसी भी परिस्थिति में सफल हो सकते हैं।

क्यों गिरा जाता है प्राण तेरा?
क्यों गिरा जाता है दिल?
ज़रूरी तो नहीं जो चाहो तुम,
वही हो जाये तुम्हें हासिल!

तुम अच्छे हो वो अच्छे नहीं
तो क्या तुम्हारी अच्छाई कम हो गई?

वो बुरे हैं तुम बुरे नहीं
तो भी क्या तुम्हारी अच्छाई बुराई बन गई?

इस व्यथा को यहीं दफना डाल,
दिल से अपने उसको निकाल,
आकर झाँक ग़मों की दुनिया से बाहर
फिर देख ज़िंदगी में कितना मज़ा है !

ईश्वर ने खोले हुए हैं
अनेक द्वार तेरे लिए
जिसकी संतान हूँ मैं,
उसकी संतान है तू भी।

एक बार जीकर तो देख उसके लिए,
वो न तुझे छोड़ेगा
और न त्यागेगा यूँ कभी,
जिस प्रकार छोड़ा है किसी ने
तुझे अभी-अभी।

समझ की तो कमी नहीं है तुझमें
प्रतिभाओं से भी है मालामाल,
क्या वो जंग खाती रहेंगी
पड़ी-पड़ी यूँही?
ज़रा करना सीखो उनको इस्तेमाल।

15. मैं तैयार हूँ !

✶✶✶✶✶✶✶✶✶✶✶✶✶✶✶✶✶✶✶✶✶✶✶✶✶✶✶✶✶✶✶✶✶

परिचय: "मैं तैयार हूँ!"

(क्या आप तैयार हैं अपनी हार को हराने के लिए?)

यह कविता एक व्यक्ति के आत्म-संवाद को प्रकट करती है जो अपने सपनों की पुनरावृत्ति के लिए संघर्षरत है। वह अपने सपनों को पूरा करने के लिए निरंतर प्रयासरत रहने का आग्रह करता है, चाहे समय कितना भी बीत जाए।

इसके माध्यम से, "मशाल" एक सकारात्मक और उत्साहपूर्ण दृष्टिकोण की प्रेरणा प्रदान करती हैं जो हर किसी को उनके सपनों की प्राप्ति के लिए तैयार कर सकता है।

चल मुसाफिर चल

अधूरे सपने फिर से जीने को
दबी हसरतें पूरी करने को
प्रतिभा जो मिली खुदा से उसको
उपयोग में लाने को
मैं तैयार हूँ।

कितने बरस बिता दिए यूँ ही
अब बिन गँवाए एक और बरस
एक नई शुरुआत करने को
अपनी पहली उड़ान भरने को
मैं तैयार हूँ।

अगला कदम बढ़ाने को
बन पतंग उड़ जाने को
अपनी हार हराने को
कुछ कर दिखाने को
मैं तैयार हूँ।

कहने वाले कहते रहेंगे
कुछ अच्छा कुछ बुरा कहेंगे
उनकी इन सब बातों को
अनदेखा कर बढ़ जाने को
मैं तैयार हूँ।
हाँ मैं तैयार हूँ।

16. भूमिका

परिचय: "भूमिका"

यह कविता जीवन की विविधताओं को, भूमिकाओं के अनगिनत रूपों तथा भूमिकाओं के प्रति हमारे उत्तरदायित्वों को बयान करती है।

यह कविता हमें याद दिलाती है कि हमारा जीवन हर दिन हर पल एक नई भूमिका में बदल जाता है जिसे निभाने का दायित्व हम पर होता है। इस कविता के माध्यम से हमें यह भी याद दिलाया जाता है कि भूमिकाओं के अपने ही रंग और ढंग होते हैं और हमें हर भूमिका को समय और समर्पण से निभाना चाहिए। दायित्व को निभाने की तरक़ीब हमारे जीवन में एक महत्वपूर्ण भूमिका निभाती है।

भूमिकाओं में बँधा है ये जीवन
हर दिन हर पल,
एक नया माहौल
और एक नई भूमिका।

      चेहरा नहीं बदलता कभी
      न ही बदलता है मनुष्य
      बदलती है तो सिर्फ़
      भूमिका।

कैसे?
आइये देखते हैं -

      पैदा हुए तो
      संतान की भूमिका
      गए विद्यालय
      विद्यार्थी की भूमिका,
      दोस्तों के साथ निकल पड़े
      तो दोस्त की भूमिका।

भाई-बहन के साथ
बहन- भाई के रिश्ते की भूमिका।

      गए दुकान पर कुछ खरीदने
      वहाँ निभाई ग्राहक की भूमिका,
      रिक्शा पर जो बैठे हम,
      मिल गई वहाँ
      सवारी की भूमिका।

और भी न जाने कितनी
अनजानी
गुमनामी
बेसुध
बेनाम भूमिका।

कोई निभा रहा
माँ की भूमिका,
किसी को मिली है
पिता की भूमिका।

कभी मदारी कभी व्यापारी,
कहीं नौकर तो कहीं
मालिक की भूमिका।

कहीं गये मेहमान बनकर
कहीं निभाई
मेज़बान की भूमिका।

कभी शिक्षक बन खूब पढ़ाते
कभी खुद पढ़कर
निभाते विद्यार्थी की भूमिका।

एक अकेला मनुष्य
हाँ, एक अकेला मनुष्य
और इतनी सारी भूमिकाएँ!

कभी तंग होकर
सोचता है मन
निभाएँ या छोड़ जाएँ
ये वाली भूमिका।
पर सच तो यह है कि
हर किसी को निभानी ही पड़ती है
हर ज़िम्मेदारी, हर भूमिका।

भूमिकाओं का भी
अपना रंग है
भूमिकाओं का भी
अपना ढंग है।

कभी कोई हँसाती भूमिका
कभी कोई रुलाती भूमिका
कभी हँसी-ख़ुशी से निभ जाती है
कोई भूमिका
कभी चाहकर भी न निभ पाती है
कोई भूमिका।

भूमिकाएँ बनती हैं
और नित नई बदलती हैं
जैसे आज, अभी इस मौके पर
मैं हूँ एक कवयित्री की भूमिका में,
और आप निभा रहे हैं
पाठक की भूमिका।

17. खिलाड़ी

✺✺✺✺✺✺✺✺✺✺✺✺✺✺✺✺✺✺✺✺✺✺✺✺✺✺✺✺✺✺✺✺

परिचय: "खिलाड़ी"

इस कविता में हम जीवन को एक खेल के रूप में देखते हैं जिसमें हर व्यक्ति खिलाड़ी की तरह भाग लेता है। जीवन को तमाशा और मदारी की तरह खेला जाता है और जब हम बच्चों की तरह खेलते हैं तो अनाड़ी की तरह दिखते हैं। लेकिन इस खेल में कभी भी हार नहीं माननी चाहिए।

जीवन के खेल में थकना, हार-जीत को महसूस करना और चोटों को झेलना हर एक अच्छे खिलाड़ी के गुण होते हैं। यह कविता हमें जीवन को उसी उत्साह और संघर्ष के साथ खेलने की प्रेरणा देती है।

चल मुसाफिर चल

ज़िंदगी के खेल में खिलाड़ी-सा खेल
ज़िंदगी है तमाशा, मदारी-सा खेल
जब लगे ज़िंदगी बचपना
बच्चा बन अनाड़ी-सा खेल
ज़िंदगी के खेल में खिलाड़ी-सा खेल।

न रुकता है, न बिकता है
थकने के बाद भी
अंत तक टिकता है
बिन किये परवाह हार-जीत की
तू भी अंत तक
हर चोट को झेल
ज़िंदगी के खेल में खिलाड़ी-सा खेल।

कभी गिरता है,
कभी गिराता है,
दो बाज़ी हारकर
फिर से हराता है
अंत में जीत की ट्रॉफी से करता है मेल
इसी तरह तू भी
ज़िंदगी के खेल में
खिलाड़ी-सा खेल।

18. समद्र की सोच

****

परिचय: "समद्र की सोच"

इस कविता में समुद्र की एक गंभीर मुद्रा को अभिव्यक्त किया गया है जो एक गहरे विचार में डूबकर कुछ सोचते हुए दिखता है। आदमी की गहरी मनोस्थिति व, चिंतनशीलता को समुन्दर की उपमा देकर समझाया गया है। समुद्र का शांत और शांतिपूर्ण रूप हमें उसकी गहराई में छिपे विचारों का एहसास कराता है।

इस कविता में - विचारशीलता और समझदारी की महत्वपूर्ण भूमिका से जुड़ा एक गुप्त संदेश छिपा है। हमें अपने विचारों और अपने आस-पास के लोगों के विचारों को समझने की क्षमता बनानी चाहिए जिससे हम दूसरों के साथ बेहतर संबंध बना सकें और अधिक समझदारी से अपने जीवन को जी सकें।

इस कविता में समुद्र का उदाहरण हमें हमारे अच्छे कामों के लिए अभिनंदन करने और हमारे प्रियजनों के प्रति प्यार और स्वागत की महत्वपूर्ण भूमिका के बारे में बताता है।

कभी-कभी
शांत समुद्र को देखकर
लगता है
कि
एक अत्यंत गंभीर मुद्रा में
अपनी ही गहराई में डूबकर
कुछ सोच रहा हो जैसे।

सोच रहा हो
उन तरंगिनियों के बारे में
जो आकर
इसमें समा जाने वाली हैं।

विचार कर रहा हो
कि
कैसे करूँ
मैं अभिनन्दन इनका।
जो अपने पिता का घर छोड़कर
सदा के लिए आ रही हैं
मेरी
बाँहों में।

सजाने के लिए
मेरे घर आँगन को !

19. ध्येय

परिचय: "ध्येय"

इस कविता में एक महत्वपूर्ण संदेश छिपा है। कविता में यह सवाल पूछा गया है कि "हम जगत में क्यों आए हैं और हमारा ध्येय क्या है?"

कविता में यह दिखाया गया है कि हमारे जीवन में कई मुद्दे होते हैं - सामाजिक, आर्थिक, और सांस्कृतिक। हमें अपने ध्येय को स्पष्ट रूप से समझने और प्राथमिकताओं के आधार पर निर्धारित करने की आवश्यकता है।

कविता के माध्यम से हमें यह सीखने को मिलता है कि समय के साथ बहना आवश्यक है, लेकिन साथ ही हमें अपने जीवन में ध्यान देने वाले कार्यों को भी महत्व देना चाहिए। ध्येय की ओर ध्यान देने से हम अपने जीवन को और अधिक सार्थक बना सकते हैं।

कविता ने हमें यह भी याद दिलाया है कि जीवन अपना दायित्व नहीं है, बल्कि यह उधार की जिंदगी है और हमें उसका समग्र उपयोग करना चाहिए।

चल मुसाफिर चल

क्यों आये हैं हम जगत में,
क्या ध्येय है हमारा?
कुछ हमारा सहारा हैं
तो कुछ के हम हैं सहारा।

नित नौकरी को जाना,
आकर के भूख मिटाना,
बढ़ जाये जब रात्रि तो
सोकर थकन मिटाना
और अगली सुबह फिर से पहुँचना वहीं
जो है हमारा ठिकाना।

समय रहा है और रहेगा
सर्वदा गतिशील,
पर दैनिक दिनचर्या नहीं रही
किसी की प्रगतिशील।

दिनचर्या से काम करे जो
और समय का करे आदर,
वही है समझदार
वही है सुशील।

कमाने के लिए जीना
और जीने के लिए कमाना
क्या बस यही है हमारा ध्येय?

ज़िंदगी भी अपनी नहीं।
उधार की ये ज़िंदगी
उसकी है
और
उसी को होगी ये देय।

20. खुद को कर बुलंद

★★★★★★★★★★★★★★★★★★★★★★★★★★★

परिचय: "खुद को कर बुलंद"

इस कविता में छिपे संदेश को समझने के लिए हमें अपने अंदर की ताक़त को पहचानना और उसे मज़बूती से बढ़ाने की दिशा में काम करना है। कविता में साहित्यिक भाषा के द्वारा यह कहा गया है कि हमें अपने संघर्षशील व्यक्तित्व को इतना ताक़तवर बनाना है ताकि हमारे मन में किसी भी प्रकार के डर या हार का स्थान न हो।

कविता हमें सिखाती है कि हमें अपने सपनों और लक्ष्यों के पीछे जाने के लिए नकारात्मक सोचों और डर को पार करना होगा।

यह कविता हमें याद दिलाती है कि हमारे अंदर संघर्ष करने की गहरी ताक़त होती है और जब हम इसे साहस और आत्म-विश्वास से भर देते हैं, तो हम किसी भी मुश्किल को पार कर सकते हैं और सफलता की ओर बढ़ सकते हैं।

खुद को कर बुलंद इतना
कि तेरा अंतर्मन भी तुझसे
हिम्मत पाए
तेरा संघर्ष तुझे
घबरा न पाए।

हर वो नकारात्मक सोच
जो तुझे पीछे की ओर धकेलती है
तेरा जूनून देखकर
वो भी चूर चूर हो जाये।
खुद को कर बुलंद इतना
कि तेरा अंतर्मन भी तुझसे
हिम्मत पाए।

तेरी निडरता देखकर
हार का भय
दूर से ही भाग जाये,
ऊर्जा भर ले इतनी
कि शरीर की थकन
मस्तिष्क में न चढ़ पाए,
खुद को कर बुलंद इतना
कि तेरा अंतर्मन भी तुझसे
हिम्मत पाए।

तेरी उपस्थिति
हर दिल को हर्षाये
तेरे आसपास रहने वाला हर शख़्स
क़ामयाबी की दौड़ में जुड़ता जाये
साहस लेकर,
प्रेरित होकर तुझसे
वो भी अपनी चाल बढ़ाये।

खुद को कर बुलंद इतना
कि तेरा अंतर्मन भी तुझसे
हिम्मत पाए।

21. दु:खी तो मैं भी होती हूँ......

परिचय: "दु:खी तो मैं भी होती हूँ अक्सर "

इस कविता के माध्यम से कवयित्री यह बताती हैं कि वह "अपने जीवन में आईं चुनौतियों और हारों के साथ कैसे निपटती हैं। कैसे वो कठिनाइयों का सामना करती हैं और उन्हें कैसे पार करती हैं।"

वह अपने दुख और हार का दोष किसी और पर मढ़ने की बजाय, स्वयं का आत्म-परीक्षण करके और खुद को सुधारकर आगे बढ़ने की कोशिश करती हैं। यह कविता व्यक्तिगत सफलता की ओर जाने के लिए आत्म-समझ, साहस, और सकारात्मक सोच की महत्वपूर्ण भूमिका को दर्शाती है।

इसके माध्यम से हमें यह सीखने को मिलता है कि हालातों के बावजूद, हम अपने आत्म-संवाद और सोच को परिवर्तित करके अपने जीवन को सकारात्मकता और सफलता की ओर अग्रसर कर सकते हैं।

दु:खी तो मैं भी होती हूँ अक्सर
जब हारने लगती हूँ
छिपाने अपनी बेबसी और आँसू
खिड़की से बाहर झाँकने लगती हूँ।

नज़रें झुकाकर, चेहरा छिपाकर,
ज़मीं को गहराई तक ताकने लगती हूँ।
दु:खी तो मैं भी होती हूँ अक्सर
जब हारने लगती हूँ।

निकल जाओ आँसुओं,
दौड़ लो तुम भी
हर बूँद के साथ कमज़ोरी
बहाने लगती हूँ
दु:खी तो मैं भी होती हूँ अक्सर
जब हारने लगती हूँ।

कभी तेज़ आँधियों का झोंका
मेरी जड़ों को उखाड़ता है

कभी कभी अपनों का तिरस्कार
मेरा आत्मविश्वास डिगाता है

कभी बेमौसम बरसात की तरह
अनचाहा परिणाम
मेरी योजनाओं को हिलाता है

तो ऐसे में क्या करूँ मैं?

सारा दिन उदासी का ओढ़ना पहने
किसी चमत्कार का इंतज़ार करूँ?

या ढूँढूँ किसी ऐसे शख़्स को
जिस पर अपनी हार का दोष मढ़ सकूँ?

हार मान लूँ अपनी हार से
और जीवन भर शोक मनाती रहूँ?

या करके अपना आत्म परीक्षण
अपनी कमियों में सुधार करूँ?

हाँ यही सही है,
आत्म परीक्षण और सुधार-
अगले सफ़र का नया रास्ता भी यही है।
आत्म परीक्षण और सुधार-

यही सही है
यही सही है।

पाने को एक जोश नया
मैं अपनी कवितायें
स्वयं को सुनाने लगती हूँ,

प्रेरणा भरे गीत
गुनगुनाने लगती हूँ

नाकाम रास्ते छोड़कर
नए रास्ते तलाशने लगती हूँ

नकारात्मकता हटाकर
आशावादी सोच अपनाने लगती हूँ

कमियों को सुधारकर
नयी योजनायें बनाने लगती हूँ

तो इस तरह
मैं तैयार करती हूँ खुद को
जब भी दुःखी होती हूँ
या हारने लगती हूँ।

                हर साल हर बार
                यही प्रक्रिया दोहराने लगती हूँ
                जब भी दुःखी होती हूँ मैं
                या हारने लगती हूँ।

22. मुझे तेरा साथ चाहिए.....

✣✣✣✣✣✣✣✣✣✣✣✣✣✣✣✣✣✣✣✣✣✣✣

परिचय: "मुझे तेरा साथ चाहिए"

इस कविता में एक महत्वपूर्ण संदेश है - "जीवन में सहारा नहीं, बल्कि साथी की आवश्यकता होती है। कविता में यह बताया जा रहा है कि हम अपने साथी का साथ पाकर हर मुश्किल को पार कर सकते हैं और उनका साथ रहा तो हमारा साहस और सामर्थ्य मज़बूत होता है।"

कविता में यह भी दिखाया गया है कि साथी के साथ हमारे हाथों का साथ, हमारे समर्थन और सपनों का साथ भी होने चाहिए। इसके लिए हमें अपने संबंधों को सम्मान और सहयोग के सहारे मज़बूत करना चाहिए ताकि हम हर समस्या का समाधान निकाल सकें।

यह कविता हमें यह सिखाती है कि हमें खुद को सब कुछ सँभालने की आवश्यकता नहीं है बल्कि हमें एक-दूसरे के साथ देते हुए समस्याओं से जूझने और आगे बढ़ने के लिए मिलकर काम करना चाहिए।

सहारा नहीं चाहिए
मुझे तेरा साथ चाहिए।

ज़िंदगी में कुछ हो न हो,
बस मेरे हाथों में,
तेरा हाथ चाहिए
मुझे तेरा साथ चाहिए।

जब भी दुखों की छाया छाए,
जीवन - पथ मुश्किल हो जाये,
तू हो मेरे पास हमेशा,
वो एहसास चाहिए।
सहारा नहीं चाहिए
मुझे तेरा साथ चाहिए।

प्रशंसा भले ही न करो मेरी,
पर अपने हिस्से का
सम्मान चाहिए।
टूटे रिश्ते की
डोरी जोड़ने का
संयुक्त अरमान चाहिए।
सहारा नहीं चाहिए
मुझे तेरा साथ चाहिए।

कई रिश्तों में उलझा है हमारा रिश्ता
कैसे सुलझे? कैसे सँवरे?
इस समस्या का
समाधान चाहिए,
समझने-समझाने में बीत गए
यूँ ही वर्ष कई
आने वाले वर्षों में
आपसी-एकता का वरदान चाहिए
सहारा नहीं चाहिए
मुझे तेरा साथ चाहिए।

क़लम की ताक़त से
"मशाल" जलाने चल पड़ी हूँ मैं,
कहीं रुक जाऊँ
कहीं थक जाऊँ
तो तुम सँभाल लोगे मुझे
ऐसे समर्थन का विश्वास चाहिए
सहारा नहीं चाहिए
मुझे तेरा साथ चाहिए।

23. दिल या दिमाग़?

परिचय: दिल या दिमाग़?

इस कविता में दिल और दिमाग़ के बीच एक आंतरिक संघर्ष का वर्णन किया गया है जिससे यह स्पष्ट होता है कि जीवन के विभिन्न पहलुओं में दोनों का अपना महत्व होता है।

कवयित्री ने सुझाव दिया है कि "समझदारी यही है कि हम उचित समय पर दिल और दिमाग़ का उपयोग करें और सभी परिस्थितियों में संतुलन बनाए रखें।"

इस कविता का संदेश यह भी है कि "जीवन में सम्पूर्णता और सफलता के लिए भावनाओं के साथ सोचने और विचार करने की आवश्यकता होती है, लेकिन समय आने पर युक्तियों और तर्कों का भी महत्व नहीं भूलना चाहिए।"

पाठक का प्रश्न

आजकल मेरे दिल और दिमाग़ में
भयंकर जंग जारी है
कभी दिल दिमाग़ पर, तो कभी
दिमाग़ दिल पर भारी है।

दिल भरा है प्रेम से
भावनाओं से आभारी है
दिमाग़ कहता है "चल उठ
अब निर्णय लेने की बारी है।"

कौन बेहतर है-
दिल या दिमाग़ ?

कवयित्री का उत्तर

दिल से आती हैं भावनाएँ हमारी,
पर दिमाग़ से होती है तर्क-विचारी।
कहीं दिल से काम लेना पड़ता है,
कहीं दिमाग़ की होती है हिस्सेदारी।

घर एक परिवार है,
प्रेम का संसार है
रिश्तों की क्यारी है
विश्वास की फुलवारी है
यहाँ दिल से निर्णय लेना ही
समझदारी है।

किन्तु,

घर के बाहर एक अलग संसार है
कई सौदों का बाज़ार है
वहाँ के निर्णय बस दिमाग़ से करो,
दिल लगाकर खुद को
मूर्ख मत बना लेना।

24. निर्णय

✮✮✮✮✮✮✮✮✮✮✮✮✮✮✮✮✮✮✮✮✮✮✮✮✮✮

परिचय: निर्णय

यह कविता निर्णय लेने के महत्व पर ध्यान केंद्रित करती है।

कवयित्री इसमें बताती हैं कि "निर्णय लेने के समय लोग अक्सर घबराहट महसूस करते हैं और कुछ बेहद सावधानी या लापरवाही से अनजाने में ग़लतियाँ भी कर बैठते हैं।"

कवयित्री के द्वारा बताया गया संदेश है कि "समस्याओं के समय निर्णय जल्दी लिया जाना चाहिए, क्योंकि देरी से निर्णय लेने से समस्याएँ बढ़ सकती हैं और निर्णय लेने का अवसर खो जाने की संभावनाएँ ज़्यादा होती है।"

जब भी निर्णय लेने का समय आता है,
अक्सर लोगों का दिल घबराता है।

कुछ बेपरवाह इन निर्णयों की
अनदेखी कर देते हैं
कुछ ज़रूरत से ज़्यादा सोच-सोच कर
देरी कर देते हैं।

सही समय पर ले लो निर्णय
कहीं समस्या बढ़ न जाए
फिसले समय हाथ से ऐसे
कि निर्णय लेने का
अवसर ही खो जाये।

25. वर्षा और इंद्रधनुष
(अंतिम सन्देश)

❋❋❋❋❋❋❋❋❋❋❋❋❋❋❋❋❋❋❋❋❋❋❋❋❋❋

परिचय: वर्षा और इंद्रधनुष (अंतिम सन्देश)

इस कविता में बारिश और इंद्रधनुष की सुंदरता के माध्यम से एक सकारात्मक संदेश समाहित है।

बारिश की बूंदों और इंद्रधनुष के सात रंगों के माध्यम से लेखक ने यह सिखाया है कि "जैसे बारिश अपनी ख़ुशी और शीतलता को सभी के साथ बाँटती है, उसी तरह हमें भी अपनी सफलता, शक्ति और ख़ुशियों को दूसरों के साथ बाँटना चाहिए। इससे हम अपने जीवन में और दूसरों के जीवन में उत्साह और सकारात्मकता को बढ़ा सकते हैं।"

यह एक साधारण लेकिन गहरे संदेश वाली कविता है जो हमें समाज सेवा, दान-देने, और समृद्धि को साझा करने का महत्व सिखाती है।

मैं वर्षा हूँ, मैं बारिश हूँ
प्यासे को प्राण देती हूँ
मैं सोता हूँ मोहब्बत का
प्रेम को गान देती हूँ !

वनों में छाई हरियाली
है छाई हर्ष की लाली।

मैं गीली बूँदों की छाँव
मेरा घर- हर नगर गाँव।
गिरूँ मैं जब बूँदों के साथ
धरा को स्नेह देती हूँ,
बिखेरूँ ढेर मुस्कानें
किसानों के घरौंदों में।

है आता इंद्रधनुष मुझ संग
साथ में लेकर सातों रंग
सुनाता राग यही हरदम;
क्या राग सुनाता है इंद्रधनुष?

बारिश और इंद्रधनुष का अटूट रिश्ता है। जब जब बारिश के बाद धूप की किरणें निकलती हैं, इंद्रधनुष का आगमन होता है। आइये जानते हैं कि आज यह इंद्रधनुष आपसे क्या कहना चाहता है।

न कर जीवन को तू बेरंग
लूट ले इंद्रधनुष के रंग
यूँ भर ले जीवन में उमंग
ख़ुशी से भर दे अंग- प्रत्यंग
के नाचे तेरा हर अंग - अंग।

फिर?

फिर क्या करना होगा? जब आपको ख़ुशी मिल जाये, जब आपको शांति मिल जाये, सफलता आपके कदम चूमने लगे, आप शक्ति से भर जाएँ तो आप इसे दूसरों के साथ बाँटना शुरू कर दीजिये। जैसे बारिश अपनी ख़ुशी, अपनी शीतलता और अपनी बूंदों को सबके साथ बाँटती है जैसे इंद्रधनुष अपनी सुंदरता और अपने रंगों से सब लोगों में उत्साह भर देता है उसी तरह आप भी अपनी सफलता, शक्ति, शांति व सामर्थ को दूसरों के साथ बाँटना शुरू कर दीजिये। मदद कीजिये उन लोगों की जो आज उन परेशानियों से दु:खी हैं जिनसे कभी आप दु:खी रहा करते थे। फिर देखिये कैसी अद्भुत अनुभूति को महसूस करने लगेंगे आप।

आज बारिश और इंद्रधनुष दोनों मिलकर आपको यह सन्देश देना चाहते हैं:

ख़ुशी का स्रोत तू बनके,

दूसरों को ख़ुशी दे दे,

शांति का स्रोत तू बनके

टूटे मन को तसल्ली दे।

सफलता पाई जो तूने
दूसरों को भी मौका दे
शक्ति जो आयी तेरे हाथ
निर्बलों को बलवंत कर दे।

कमाई भर- भर के दौलत
थोड़ा सा दान भी कर दे
किसी निर्धन की थाली में
मुट्ठी भर अन्न तू रख दे।

किसी कमज़ोर के कंधे पर
प्रेम से हाथ जो रख दे
न जाने कब किसको कैसे
ज़रूरी था वो मनोबल दे।

आप सोच रहे होंगे कि मैं ये सब मुफ्त की भलाई क्यों करूँ? आपको इससे क्या फायदा होगा? आगे की पंक्तियाँ अवश्य पढ़िए, आपको मेरा आशय ज्ञात हो जायेगा :

बनेगा इंद्रधनुष तू भी
बिखेरेगा वो सातों रंग।
भरेगा जीवन में उमंग

उड़ेगी शोहरत की पतंग
बदल जायेगा सोच का ढंग।
मिलेगी जीवन भर आशीष,
होंगी जब कई दुआएँ संग।
होंगी जब कई दुआएँ संग।।

वाह! ये कितनी खूबसूरत बात होगी कि जीवन भर हमें दूसरों की आशीषें मिलती रहें। जिस दिन आपको उन लोगों की दुआएँ मिलेंगी जिनकी आपने मदद की थी तो विश्वास मानिये उस दिन आपको एक अलग ही अनुभूति का एहसास होगा। यही जीवन का असली आनंद है।

यही तो है असली आनंद।
तू क्यों न चखे ये आनंद?

मान ले इंद्रधनुष की बात
सुन ले वर्षा की दरख़्वास्त।

आज तू खुद से वादा कर,
अभी से एक इरादा कर,
करके दूजों का कल्याण
देगा राष्ट्र निर्माण में योगदान।

Biography

वर्षा रानी "मशाल"

कवयित्री वर्षा रानी "मशाल" की काव्य- यात्रा बहुत ही दिलचस्प है। पेशे से वो गणित की अध्यापिका हैं लेकिन हिंदी-काव्य में उनकी गहरी रुचि है। कक्षा-२ से ही उन्हें कवितायें पढ़ने का शौक था और इसलिए वो अक्सर विद्यालय के कार्यक्रमों में कविता पाठ करती थीं। कक्षा -८वीं में उन्होंने पहली बार एड्स (AIDS) जैसे कठिन विषय पर अपनी खुद की कविता लिखी- जो स्कूल मैगज़ीन में भी छापी गई। फिर हर वर्ष कॉलेज की वार्षिक पत्रिका में भी उनकी कवितायें छापी गईं लेकिन विज्ञान और गणित जैसे कठिन विषयों की पढ़ाई में उनकी ये प्रतिभा दबकर रह गई। अध्यापन क्षेत्र (गणित) में आने के बाद भी उनके अंदर की कवयित्री मचलती रही। विद्यालयों में उनकी लेखन प्रतिभा कई अवसरों पर उपयोग की गई। उनके शब्दों में ऐसा जादू है कि वे किसी भी इंसान को तुरंत प्रेरित और उत्तेजित कर सकती हैं। कई लोगों से प्रशंसा और सुझाव मिलने के बाद उन्होंने अपनी कविताओं का संग्रह करके लोगों तक पहुँचाने का निश्चय किया।

"चल मुसाफिर चल" एक ऐसी प्रेरणादायक पुस्तक है जो हर निराश और हताश व्यक्ति में जोश और हिम्मत भर देने की ताक़त रखती है।

You Write. We Publish.

To publish your own book, contact us.

We publish poetry collections, short story collections, novellas and novels.

contact@thewriteorder.com

Instagram- thewriteorder

www.facebook.com/thewriteorder

www.ingramcontent.com/pod-product-compliance
Lightning Source LLC
LaVergne TN
LVHW010402070526
838199LV00065B/5877
9789360459956